RETOUR

D'UN

VOYAGE AUX ILES MARQUISES,

PAR UN JEUNE MATELOT

QUE LA REINE POMARÉ VOULAIT ÉPOUSER, SANS LES MENACES QUE LE RÉVÉREND PÈRE PRITTCHARD FIT A LA REINE.

RELIGION TAITIENNE A LA PRITTCHARD Ier.

Mœurs de Pomaré et de Prittchard.—Leur joyeuse vie.—Leurs amours.—Leurs excès dans l'eau-de-vie et le tabac. — Leur manière de gouverner les Indigènes à l'instar de Prittchard qui est à la fois roi, consul, juge, prêtre, pape, libraire, charcutier, accoucheur, préfet de police, législateur, et tout ce qu'on peut désirer.

QUELQUES MOTS

Sur mon commandant Dupetit-Thouars à Taïti et sur M. Reine, lieutenant de vaisseau, à Paris.

PRIX : 25 cent.

Paris, 20 juin. B. F. D. B., ennemi des Anglais.

1844

DIALOGUE.

———

LA VIGIE. — Terre à nous par tribord devant !!...
L'ÉQUIPAGE. — Quelle terre ?...
LA VIGIE. — Je crois que c'est... Ta..... Non ! la terre de France !
L'ÉQUIPAGE. — Vive la terre de France ! Au diable les îles Marquises, la reine
      Pomaré, Prittchard et Ce !!!..

L'ÉQUIPAGE EN CHŒUR :

Vive ! vive ! vive ! et vive la France !!!..
Vive le prince de Joinville à Paris !!..
Vive l'amiral Dupetit-Thouars à Taïti !!..
A bas les Anglais, à bas les Anglais !!...

Aux Français de pur sang !

Les îles Marquises sont un sujet bien grand à raisonner et qui
mériterait une autre plume que celle d'un matelot peu lettré ; mais
pour ce qui tient à la vérité, il n'est pas nécessaire qu'un illustre
écrivain vienne inpunément sans avoir passé trois ans aux îles Marquises, vous jeter à la face un tas de mensonges et pas une vérité ;
oui ; il faut que vos yeux aient vu, touché ; vos oreilles entendu tout
ce qui se dit là bas pour en donner la pure vérité à nos lecteurs ;
les faits tels qu'ils existent, sans les décorer de fleurs de Réthorique,
qui ne laissent à la mémoire du lecteur qu'un panorama faux de
ces contrées ; qu'une vague idée de ce qui se passe dans ce lieu
lointain où nos marins ignorent......

Tel est mon but. C'est la vérité sans fard peinte avec simplicité
d'idées et dans un style qui tient un peu du marin, ou pour mieux
dire du langage du matelot ; une indulgence m'est, sur cet aveu,
dûe, durant le cours de ma brochure.

Je vous dirai d'abord que les îles Marquises sont très-bien situées, qu'elles forment un archipel aussi pittoresque qu'agréable, mais le malheur qui les afflige, le fléau destructeur qui les ravage et envahit ses bois, ses ressources et son petit trafic commercial, est le père Prittchard ; ce missionnaire anglais qui se mêle de la propagande de la religion protestante et du commerce à la fois, toujours à son profit, et au détriment de la reine comme à celui des Indigènes.

Les îles Marquises sont en ce moment ce qu'était l'Affrique au XIIᵉ siècle dans le temps de Mahomet, car Prittchard règne dans ces îles en rigide observateur mahométan. Il est le Mahomet, le dieu vivant, prêchant l'évangile dans les oasis de ces fertiles îles à une masse d'indigènes qui l'adorent !

Comme les Indigènes aiment et déifient leur reine, Prittchard a su gagner l'estime et l'amour de celle-ci pour se créer un parti très-nombreux. Il y est parvenu sans peine, car la reine se jetterait à l'eau froide comme à l'eau bouillante pour plaire à Prittchard. Or, Prittchard est plus que la reine aux îles Marquises : il la commande, la gronde, la fouette et la caresse quand il veut ;.... La voluptueuse Pomaré prend tout cela pour du comptant et sans escompte. C'est Prittchard qui tient les rênes du gouvernement Taïtien. Il a droit de vie et de mort. Il décrète et promulgue les lois aussi rapidement que la pensée ; et, si un Dieu catholique que j'adore ne m'eût couvert de son glaive, Prittchard m'eût sans doute condamné à mort pour le délit que voici :

La reine est très-amoureuse et très-capricieuse. Après avoir passé quelque temps à Papéïti, je m'aperçus que la charmante Pomaré était prise d'amour pour quelques uns des canotiers de l'amiral Dupetit-Thouars. Je me mis en vigie et après avoir assez ouvert l'œil au bossoir, je finis par connaître que les bordées que tiraient les regards de la reine, étaient toutes dirigées sur moi. Je me réjouis de cette préférence, et dés ce moment, je ne pensai plus qu'à lui plaire.

J'abandonnais le travail de mon canot, mes études nautiques et mes devoirs enfin. Quand je venais à la baie de Papéïti, je me coiffais du mieux possible ; je plissai ma chemise avec un étau du maître charpentier, et quand par la chaleur excessive, ma chevelure se trouvait un peu ébouriffée, je prenais dans mes mains de l'huile de poisson pour les faire luire ou, à défaut, un peu de goudron liquide. Aussi en arrivant à terre, la reine ne portait ses regards d'éléphant que sur ma figure.

Bref, après avoir fait durer ce manège pendant vingt jours, je finis par me mettre à l'œuvre et j'écrivis à la reine la lettre suivante, croyant fermement qu'elle pourrait me lire :

Inestimable Reine !!!

Veuillez retirer un esclave de l'amour des tourments qui le consument en lui accordant une réponse à sa lettre.

Veuillez, ô reine Pomaré ! ô vierge sans souillure, et pure comme l'azur des cieux, vous abaisser jusqu'à moi pour recueillir ces mots solennels : Je vous aime.

Une grâce que je demande est celle de ne pas communiquer ma lettre à M^r. Prittchard qui est notre ennemi juré à bord de la frégate la Reine Blanche.

Vous remettrez votre réponse au patron du canot ou à celui de la yole du commandant.

Adieu mou adorable reine !
Votre adorateur,
B. F. D. B.

!Papéiti, le 8 janvier 1843 (1).

Quelle fut ma surprise quand on me dit que la reine Pomaré savait signer mais ne savait pas du tout le français. Je me sentis alors tout désorienté et j'attendais d'un instant à l'autre voir arriver Prittchard avec quelques-uns de ses agens de police religieux, pour me faire subir *le carcere duro* de la peine que les jésuites allaient m'infliger.

La sainte inquisition, à l'instar de Prittchard, allait devenir mon partage. Enfin, huit jours se passent dans la plus cruelle anxiété et rien au monde ne paraissait élever le moindre soupçon sur ma

---

(1) Cette lettre, Prittchard la conserve et l'a faite encadrer par un menuisier huit jours après mon départ des îles Marquises.

personne. Je m'en aperçus tout seul et un mois après la reine me mit au courant de tout ce que Prittchard inventait pour me torturer quand il pourrait me pincer dans les champs.

Cependant la reine m'aimait et c'est sa trop grande confiance et son ignorance qui la portèrent à remettre à Prittchard ma lettre, pour y répondre, comme elle fait d'habitude.

Prittchard ne dit rien ; mais quand la reine vint à divulguer à Prittchard nos secrètes amours, Prittchard la menaça et lui dit qu'il lui ferait abdiquer sa couronne si elle lui en reparlait.

Enfin, je fus obligé de partir et de venir en France par des bâtiments marchands sans avoir pu goûter le bonheur de toucher le sol français salué de 21 coups de canon.

Certes, j'aurais certainement pu sans un concurrent, sans un rival, sans un homme magique qui est dans la même journée : roi, consul, juge, gouverneur, libraire, banquier, négociant, charcutier, ministre, préfet de police, commandant de place, accoucheur, dentiste, et médecin, prêtre, missionnaire, législateur, pape, et toute la sainte boutique enfin, retourner en France et toucher la terre au bruit du canon !!

Oui, vous auriez eu le bonheur de voir madame Pomaré Wahiné, ma femme, se promenant sur les boulevards à mes côtés, et fumant imperturbablement son cigare d'une demi-aune, ou mâchant savoureusement sa chique de 25 grammes de tabac du Mexique entre ses deux rangées de dents blanches comme l'albâtre !

Enfin, voilà nos rêves dorés tombés dans les brouillards du Rhône ! C'est Prittchard qui m'a ravi et vous ravit aussi l'inexprimable joie que vous auriez ressentie de voir madame Pomaré à Paris avec sa belle figure tatouée et son peignoir royal de calicot à 7 sous le mètre, vous jetant indistinctement des bouffées de tabac à la figure !

Parole d'honneur ! Je vous jure foi de Jean Bart, que sans ce scélérat de Prittchard la reine Pomaré danserait avec moi le cancan et la polka au cercle de Montesquieu à cette heure !

Hélas! Dieu et Prittchard le veulent ainsi. — Il vaut mieux poser là sa chique et faire le mort que de contredire ou d'enlever de force la vénus du czar des îles Marquises.

Ce serait vouloir, travaillant ainsi, ébranler l'édifice de cet homme incompréhensible, de cette Trinité sainte embrassant en elle seule les mystères les plus sacrés et les plus occultes d'une religion dont il est le convoi, les wagons et la locomotive à la fois.

Prittchard, la bible en main, fait trembler les indigènes qui écoutent la lecture. Son éloquence en langue du pays est pour les crédules et malheureux indigènes, l'écho et la parole de l'Éternel prononçant les mots :

Morts ! éveillez-vous pour comparaitre au jugement dernier !

Telle est la puissance de la parole de Prittchard aux îles Marquises. Les Berryer, les Guizot, les Robert Peel, les O'Connell ne pourraient pas produire sur ces indigènes la millionième partie de l'effet de la parole de Prittchard ; aussi Prittchard est aux îles Marquises ce que le père éternel est dans les cieux.

C'est lui qui conjure l'orage et les spectres nocturnes, la bible en main ; il damne et maudit les indigènes qui n'observent pas exactement ses lois pénales, commerciales et évangéliques.

Comment penserons-nous alors que Prittchard eût consenti à me laisser enlever la reine et l'emmener en France ?.... Prittchard a trop besoin de la reine pour gagner la crédulité allant toujours *crescendo* des indigènes, car c'est elle qui est le gouvernail du navire et Prittchard le pilote.

Prittchard, je le répète, ne veut pas que la reine Pomaré vienne vous faire passer quelques heureux instants à Paris. Il ne veut pas que la voluptueuse Pomaré voie de ses propres yeux une cité telle que Paris, un peuple parisien qui pourrait l'éblouir, et pourrait à sa vue la faire démettre de ses droits royaux.

Non ! Prittchard est plus clairvoyant, il sent bien que si la reine venait à Paris, Pomaré abandonnerait la couronne et ne voudrait plus retourner auprès de lui ; car elle préférerait être marchande de *coco* à la capitale, que reine Pomaré-Wahiné aux îles Marquises.

Mais Prittchard qui a l'œil américain, Prittchard qui est un Figaro, qui ne larguerait pas son amarre d'auprès de la reine pour la couronne du Céleste-Empire ; Prittchard, dis-je, qui faisait croire à la reine que tous nos vaisseux étaient devant elle et que l'Angleterre en avait dans toutes les parties du monde ; Prittchard flatte trop bien la reine pour l'abandonner ainsi, et la reine venant à Paris sous mes auspices, Prittchard aurait dès lors vu s'écrouler l'edifice qu'il élève à sa mémoire et son nom banni du souvenir des indigènes qui, jusqu'à ce jour, le déifient, brûlent de l'encens et chantent des hymnes accompagnés d'un orgue de barbarie à son honneur ; et les indigènes font cela tout en blâmant nos pauvres orphelins de missionnaires catholiques, apostoliques et romains qui ne trouvent plus de quoi faire une recrue dans leur diocèse, tant la foi apostolique de Prittchard les a touchés.

Cela, parceque nos missionnaires ne veulent pas autoriser les indigènes à faire gras les vendredi et samedi, parce qu'une loi et des mandements émanés de Monseigneur l'évêque Joseph d'Amatah dit le pieux, prohibe, sous peine de damnation éternelle et sans rémission de ces péchés, les indigènes mâles, de laisser aller leur femme ou bon leur semble et avec n'importe qui ; de faire coucher pêle-mêle, dans la même cabane, plusieurs familles différentes sans observer ; les mœurs parce que les missionnaires français dédaignent de suivre les exemples et les exploits des missionnaires anglais. Nos missionnaires font enfin tout le contraire des missionnaires anglais ; ils abhorent l'évangéliste Prittchard, ils défendent l'œuvre de la chair avant d'avoir 18 accomplis. Prittchard, lui, fait tout le contraire ; il montre ce qu'on doit faire et aide, quand faire se peut, de son saint ministère, les indigènes.

Voilà qui est, selon lui, travailler à la multiplication et soulager l'humanité souffrante.

Prittchard est le Cupidon de cette heureuse contrée ; c'est lui qui rachète les mortels, non pas comme Jésus-Christ en mourant pour le salut des hommes, mais en donnant pleine et entière liberté à ses fidèles ; aussi, trouvera-t-il toujours à manger où nos pieux missionnaires mourront de faim.

Malheureusement pour Prittchard, les ouvriers maçons et charpentiers ne peuvent pas encore lui construire un temple ; car nous le verrions alors, et sous peu, imiter les Chinois dans leur pagode ; on ne pourrait arriver à lui baiser ses adorables genoux, qu'après avoirs traversé plusieurs antichambres, avoir dit aumoins cin-

quante prières dans chaque à son honneur, et fait aumoins autant
de révérences, de singeries et de baisers à terre qu'il y a de lieues
d'ici aux îles Marquises.

Prittchard invente enfin tout ce qu'il y a de plus despote, de plus
absurde, ce qui approche de plus au paganisme pour former sa
religion Taïtienne. Il cherche les moyens de se faire apothéoser par
les indigènes. Il ne lui manque plus qu'un habile architecte pour
faire ériger, sur tous les pasages, sur toutes les hauteurs des monta-
gnes, de gigantesques statues pour le représenter.

Voilà ce qu'il manque à Prittchard. Espérons que l'Angleterre
voudra bien lui accorder cet honneur et envoyer de suite à son illustre représentant, à son Wellington à sa sainteté Pie Pritrchard nº 2,
une élite d'artistes capables d'ériger sur tous les points propices,
des statnes pour perpétuer la mémoire de Prittchard tenant une
bible à la main droite et le pavillon Anglais à sa gauche.

Alors Prittchard sera à son comble; les honneurs et l'encens
brûlé à son henneur, les hymnes et tout ce qui s'ensuit, tout pour son
compte, le gonfleront tellement qu'il finira par prendre son essort,
et le mahomet des îles, une foi l'heureux moment venu, prendra
son ascencion et ira demander au Dieu des Dieux le pardon de ses
fautes, de ses cruautés et de ses transactions anti-religieuses.

Oui, en vérité, Prittchard est bien sans contredit l'homme qu'il
fallait à l'Angleterre pour la représenter et propager sa doctrine ;
c'est à juste titre aussi qu'on doit l'appeler le Czar des îles Marquises, l'illustre défenseur de Calvin et le fils de Dieu fait homme
pour le salut des Taïtiens.

Le fait est qu'avec tout cela, nos missionnaires ont grandement
besoin d'avoir avec eux leur Jésus-Christ pour leur procurer, dans
leurs excursions lointaines, du pain et du vin, tout comme il faisait
à ses apôtres quand il prèchait dans les déserts. A défaut de ce, ils
peuvent être sûrs qu'à part tout autre motif, ils retourneront en
France en vrais modèles de squelettes vivants. Il n'y aura plus
qu'à les livrer à la macération pour orner les musées d'hôpitaux
maritimes, et conserver par là les débris des pauvres missionnaires
taïtiens.

Quelle triste perspective pour eux!!!... Ça leur pend au derrière
cependant comme la giberne à un soldat!

MOEURS DE POMARÉ

La reine Pomaré, âgée de 30 ans, est une femme extraordinairement forte et adroite; elle est douée d'une intelligence et d'un tact exquis ; hardie dans la parole sans précipitation, elle s'entretient avec Prittchard dans le langage indigène qui leur est devenu commun, à merveille. C'est une seconde Jeanne d'Arc pour l'aspect.

Elle a une figure ovale, expressive et artistement bien tatouée ; on dirait l'obélisque de Luxor empreint sur ses joues. Elle a de beaux cheveux que le père Prittchard tresse et pommade peigne tous les jours à sonlever. Elle est forte de constitution ; ses jambes font envie à un hercule, et ses muscles affreusement prononcés disent assez qu'elle est sa force; ses mamelles, qui lui pendent tribord et babord de son sein cuivré, ont 22 pouces de longueur sur huit de diamètre bien mesurés, et à plusieurs reprises de peur de me tromper. Sa taille est de 5 pieds 7 pouces. Ses yeux sont d'un brillant admirable et nous laissent apercevoir au vif, une passion muette qui s'éteint avec elle lors de la conversation en parties, et en présence du révérend père Prittchard

Elle aime beaucoup les matelots français ; mais Prittchard les abhorre, et les chasse des alentours de la cabane royale quand ils osent s'en approcher. Elle couche avec Prittchard, et ne se gêne guère de se baigner toute nue devant nos matelots. Elle fait toujours rouler la conversation sur des propos amoureux, et fait toujours répéter plusieurs fois à l'orateur ce qu'il vient de raconter, quand ça lui plaît et que ça chauffe.

Voilà Pomaré, peinte extérieurement et intérieurement. Prittchard l'adore et se sent assez heureux d'avoir pour concubine dans ces parages, une reine possédant tous ces charmes et cette belle éducation morale.

VIE PRIVÉE ET JOYEUSE

DE PRITTCHARD ET DE POMARÉ.

La reine Pomaré ne peut se passer un instant de Prittchard; c'est lui qui est le moteur de ses plaisirs, de ses agréments, de ses promenades.

Ils dînent ensemble; Prittchard se mêle quelquefois de la cuisine qu'il fait à l'anglaise; il manie aussi habilement la casserole qu'un chef de cuisine de Véry, et fait à merveille les omelettes au punch qu'il aime à la folie. De toute la cuisine que la reine Pomaré et Prittchard goûtent, les seuls assaisonnements principaux sont, l'eau-de-vie, le rhum, le tafia; ça leur sert de poivre d'épices, d'huile et de beurre.

Ils aiment passionnément, et jusqu'à extinction, le vin. A table, ils ont toujours une bouteille de 7 à 8 litres pour se rincer le gosier, et une barrique de rhum, à proximité de leurs verres, pour faire descendre les mets qu'ils avalent avec une avidité capable d'effrayer et de faire tomber en syncope le plus renommé de nos gastronomes modernes. Enfin, à les voir manger, on dirait des antropophages, dévorant un jeune mousse naufragé. Il n'y a pas de distillateur et de magasin de spiritueux, en France, qui puissent rivaliser d'odeur avec la cahute royale de Prittchard et Pomaré : le tœtus qui est dans un bocal rempli d'esprit de vin pour sa conservation, ne peut mieux se comparer aux deux cadavres animés, spiritueux et non spirituels, de Prittchard et Pomaré.

Pomaré dit que le tafia et l'eau-de-vie sont la conservation des corps et leur soutien. Prittchard, à l'exemple des Anglais qui jettent *le wnes et le and brandies* à la rue, approuve sa chère reine sur ce point essentiel que tout Anglais approuve généralement, sans être ni le Prittchard approbateur dont il est question, ni la Pomaré, conseillant l'usage du rhum, du tafia et de l'eau-de-vie pour leur royale santé.

LEURS AMOURS

ET LEURS AGRÉMENTS ROYAUX.

La reine Pomaré est, depuis quelque temps, |tombée dans une monomanie indéchiffrable; il faudrait être docteur approfondi pour deviner quelle est la cause et les suites de cette aberration mentale.

On soupçonne que c'est Prittchard qui la rend ainsi monotone par ses exploits amoureux, et par ses soins assidus, sans cesse réitérés.

Vous les voyez toujours ensemble, se caressant, se prodiguant des tendres soins comme deux tourtereaux.

Prittchard, nonchalemment allongé sur les genoux de la reine, s'amuse à lui tresser les cheveux, à lui nettoyer les dents, à lui faire les ongles. Pomaré, de son côté, en fait autant à Prittchard. Enfin c'est Adam et Ève dans le paradis terrestre, à la seule différence qu'ils ont toujours la pipe ou la chique à la bouche, et l'eau-de-vie à leur côté, pour se rincer le gosier quand le besoin l'exige.

Prittchard défend la danse aux indigènes, mais ça ne lui empêche pas de danser le tam-tam et le cancan en particulier avec la reine. Ils vous font des sauts comme des béliers et pirouettent sur leurs talons à merveille. Il est fâcheux qu'avant mon départ des îles Marquises, la polka n'aie pas porté à vol d'oiseau sa renommée au delà des mers; Prittchard aurait donné cinq cents piastres et une indulgence plénière pour s'exempter de passer dans le purgatoire à notre mort, au premier matelot qui lui aurait apporté cette bonne nouvelle.

La reine Pomaré, de son côté, l'aurait fait administrateur de la liste civile et son professeur de danse. Pomaré serait devenue folle, si elle savait que la polka se danse en France sans qu'on l'en ait instruite. Alors, entre la monomanie amoureuse et la polkamanie danseuse, les matelots de notre station pouvaient se préparer à un branlebas de combat interminable, et Prittchard pouvait dire son *Meâ culpâ*.

<hr>

GOUVERNEMENT TAITIEN.

C'est Prittchard qui est le roi, les ministres les chambres, les juges, les généraux et tout ce qu'un état doit avoir pour gouverner son peuple.

Il fait tout de son chef... La reine Pomaré n'a qu'à signer sans prendre lecture du contenu de la pièce qu'elle signe. Enfin, la reine n'est qu'un prête-nom pour la forme.

Prittchard est le commissaire de police; il est garde national, artilleur, factionnaire, chef de poste, confesseur, prédicateur, consul, agent d'affaires, charcutier, ébéniste, libraire, juge de paix; enfin tout ce que les talents et les cerveaux de cent personnes de tout état ne pourraient réunir.

Que Dieu le bénisse et lui réserve une place de concierge dans son saint Paradis, car il est en état de la diriger encore mieux que saint Pierre. — Il est bon garçon, toujours content et gai; mais quant à ce qu'il m'a fait, je voudrais que l'arc-en-ciel du nord lui servit de cravate, et la grand'voile de la frégate la Reine Blanche, de mouchoir de poche.

QUELQUES MOTS

SUR MON COMMANDANT DUPETIT-THOUARS.

Sans entrer dans des explications analytiques pour donner à connaître la noble cause que l'amiral Dupetit-Thouars a défendue à Taïti pour l'honneur de notre pavillon, je dirai que c'est une infâmie, comme a dit M. Reine, lieutenant de vaisseau, en arrivant en France.

L'amiral s'est trop bien comporté et a eu trop d'égards pour Pomaré. Il eût été méchant, il aurait emprisonné Prittchard et chassé Pomaré à pieds-nus de son île; mais il est trop grand et trop brave. Il a agi délicatement, et a passé outre à bien de choses pour la reine. Cependant il a chaleureusement défendu l'honneur de la France, et était prêt à sauter, lui et sa frégate, pour soutenir nos droits. — Il abhorre les Anglais et ne désire que le moment favorable pour leur donner les marques de son acharnement. Ah ! c'est comme ça ! La rancune d'un marin dépasse celle du prêtre.

D'ailleurs ses antécédents disent tout; et sa trop illustre et héroïque famille devrait faire frémir de honte ceux qui l'ont désavoué sans connaissance de cause, mais dans le but de conserver l'estime des Anglais, aux dépens de l'honneur national, en sacrifiant un marin, un amiral qui est le seul digne de soutenir le pavillon français, et de crier : À bas les Anglais ! . . . .

La politique d'un matelot est un peu trop naïve, et il vaut mieux que je garde dans mon cœur ce que je sens, ce que j'ai vu et entendu, que de le divulguer aujourd'hui pour entamer un sujet que les chambres discutent, je ne sais comment. — C'est à qui se tirera le mieux le ver du nez. Quoiq u'il en soit, je n'approuve pas la conduite de M. Reine, lieutenant de vaisseau, à Paris, concernant le silence qu'il a gardé et les visites qu'il n'a pas rendues à ses amis qui, tout comme lui, ne faisaient que d'arriver des îles Marquises, et qui en savent aussi long que lui sur Taïti.

Probablement on aura dit en terme de matelot, en arrivant à Paris, à M. Reine : Pose ta chique et fais le mort !..... Nous sommes la ! — Mais..... — Assez ! assez ! nous savons ce que tu veux..... Silence ! ! !.

Voilà, lecteurs, la vérité sans fard et les îles Marquises peintes avec délicatesse.

Les faits se passent tels qu'ils ont été cités.

Prittchard exécute et fait tout ce que j'ai dit. Pomaré est dévoilée au grand jour sans réserve et sans exagération de ma part.

Quoique Prittchard soit mon ennemi juré, il n'en est pas moins vrai que quand ma brochure lui tombera entre les mains, il s'écriera : '

Quel est le peintre qui me connaît si bien en France ! Je ne le pensais pas !

. . . .
. . . .

On dit que milord Aberdeen rappelle Prittchard en Angleterre. Je m'estimerais heureux, si, dépouillé de ses titres taïtiens, je pouvais, à mon tour, et de face à face, lui témoigner les marques de mon affection.

Quoi qu'il en soit, lord Guizot voit 50,000 souscripteurs pour l'épée d'honneur.—Ce sont 50,000 ennemis vingt fois répétés qu'il doit marquer sur son portefeuille.

Quel parti pour lord Guizot ! En voilà des amis ! ! !.

Imp. de Maulquelin e Bautruche, r. de la Harpe, 90.